FRENCH VERSION

(Seigneur de la Connaissance Silence Stratégique soit Allah)

Le guide du peuple pour un esprit paisible de A à Z, Volume 1© Copyright 2021 par Donté Jones alias Lord Knowledge Strategic Silence Be Allah. Aucune partie de cette publication ne peut être reproduite, distribuée ou transmise sous quelque forme ou par quelque moyen que ce soit, y compris la photocopie, l'enregistrement ou d'autres méthodes électroniques ou mécaniques, sans l'autorisation écrite préalable de l'éditeur, sauf dans le cas de brèves citations incorporées dans les critiques et certaines autres utilisations non commerciales autorisées par la loi sur le droit d'auteur.Tous les droits sont réservés.

Ceci est une œuvre de fiction. Les noms, personnages, entreprises, lieux, événements, lieux et incidents sont soit le produit de l'imagination de l'auteur, soit utilisés de manière fictive. Toute ressemblance avec des personnes réelles, vivantes ou décédées, ou des événements réels est purement fortuite. Pour les demandes d'autorisation, écrivez à l'auteur, adressé :
« Attention : Coordinateur des autorisations »
Publications de l'infini, LLC.
Maison des médias Vanderbilt, LLC.
999, promenade Waterside
Suite 110
Norfolk, Virginie 23510
(804)286-6567
www.VanderbiltMediaHouse.net
ISBN-13 : 978-1-953096-06-7
Première édition : août 2021
10 9 8 7 6 5 4 3 2 1

www.vanderbiltmediahouse.net
Livre imprimé aux États-Unis
Ce livre a déjà été publié sous
Guide du prisonnier pour un esprit paisible

Le guide du peuple pour un esprit paisible de A à Z

Reconnaissance

La Nation des Dieux et des Terres
Allah (Le Père), Abu Shahid, Old Man Justice, Ebecca, The First Nine Born, The True and Living Gods and Earths partout, et la meilleure partie... les belles graines.

À mes mentors, que je n'ai rencontrés que sous la forme de l'Esprit, vos conseils m'ont été inestimables et, à travers moi, à ceux à qui j'ai enseigné ou à qui j'ai donné des conseils sous une forme ou une autre.

Quelques-uns de leurs noms (mes mentors) sont :
Dr Michael Eric Dyson, professeur Cornell West, Dr Maya Angelou, professeur Sonia Sanchez, Dr Wayne Dyer, Dr John Henrik Clark, Dr Na'im Akbar, professeur Angela Y. Davis, Napoleon Hill, Bro. George Jackson, Noble Drew Ali, Marcus Garvey, Amie' Ce'saire, Khalil Gibran, James Baldwin, Alex Haley, El Hajj Malik El Shabazz (Malcom X), pour n'en nommer que quelques-uns. Leur sagesse et leur compréhension du monde m'ont inspiré et m'ont poussé à écrire.

(Seigneur de la Connaissance Silence Stratégique soit Allah)

Dévouement

A ma mère, Mme Mabeline :
Merci pour votre amour et votre soutien. Vous êtes un excellent exemple de ce que signifie être altruiste. Vous méritez bien plus et avant que tout soit dit et fait, je n'ai aucun doute que vous l'aurez.

À mon père, M. Ellis (Butch) :
Nous n'avons pas toujours été d'accord, mais je ne t'aime pas moins. En temps voulu, nous pourrons nous allonger sur le canapé de quelqu'un et regarder un match ou deux.

-Paix,
Donté Jones
(Seigneur de la Connaissance Silence Stratégique soit Allah)

Le guide du peuple pour un esprit paisible de A à Z

Remerciement spécial à:

Mme Winter Giovanni et l'équipe de Vanderbilt Media House pour leur professionnalisme et leur dévouement à fournir des œuvres profondes au public.

(Seigneur de la Connaissance Silence Stratégique soit Allah)

Un esprit paisible

La valeur de la Paix (absence de confusion) est souvent sous-estimée, et dans le ventre de la bête elle sera généralement ignorée par la majorité car elle semble trop difficile à obtenir et encore plus difficile à maintenir. Après près de deux décennies de captivité, j'ai découvert que le moyen de surmonter le stress et les frustrations d'un environnement aussi volatil est de découvrir le pouvoir à l'intérieur du Soi et de l'utiliser pour l'amélioration de l'ensemble.

Dans cet esprit, je me suis efforcé de proposer ce guide à ceux qui souhaitent voir les choses différemment. La vérité est que la façon dont nous "Cee" les choses (état d'esprit) déterminera ce que nous voyons...
La perspective est la clé.

Le guide du peuple pour un esprit paisible de A à Z

Ah

(Seigneur de la Connaissance Silence Stratégique soit Allah)

SENSIBILISATION

Que vous soyez prisonnier d'Etat ou en état d'enfermement en vous-même, un manque de conscience conduira presque certainement à une multitude d'erreurs non forcées. Être aveugle aux gens, aux lieux et aux choses qui vous entourent est une recette pour un désastre. Cela dit, tout ce qui est vu ne doit pas nécessairement être dit, c'est aussi un aspect de la prise de conscience qu'il ne faut pas négliger.

Les sages sont prompts à écouter et lents à parler.

Le guide du peuple pour un esprit paisible de A à Z

Bay

(Seigneur de la Connaissance Silence Stratégique soit Allah)

ÉQUILIBRE

Étant donné que trop de tout peut nuire à votre équilibre, il est nécessaire de filtrer les choses qui ne sont pas propices à une vie saine.

Prêter une attention appropriée à, connaître les mesures appropriées de sa consommation quotidienne de tout ce qui est pertinent pour nettoyer l'esprit de tout le fouillis qui prend de l'espace qui pourrait être utilisé plus efficacement pour atteindre n'importe quel objectif, dont l'ultime est la liberté.

Libérer l'esprit et l'emplacement du corps a beaucoup moins d'importance. Cela signifie qu'aucune structure artificielle ne peut vous retenir, dans le sens infini du Soi. Commencez à vous préparer à être libre au sens physique et à vous positionner pour atteindre cet objectif. Cela semblera beaucoup moins intimidant même si c'est toujours une bataille difficile.

Le guide du peuple pour un esprit paisible de A à Z

Say

(Seigneur de la Connaissance Silence Stratégique soit Allah)

CONSIDÉRATION

Reconnaissez que même si vous êtes venu dans ce monde par vous-même, vous n'êtes pas seul ici. Nous sommes des êtres complexes avec toutes sortes de problèmes qui se chevauchent tout au long de la journée. Je ne saurais trop insister sur l'importance de reconnaître cette réalité, tant de confrontations inutiles pourraient être évitées en prenant simplement en compte les sentiments des autres. C'est très certainement dans le domaine de la "pensée critique", lorsque ne pas le faire peut conduire à une boule de neige descendant la pente, augmentant en taille et en vitesse dans votre direction ou vers quelqu'un qui n'a pas la moindre idée de ce qu'il s'apprête à faire. rencontrer.

La considération de l'un pourrait bien sauver la vie d'un autre.

Le guide du peuple pour un esprit paisible de A à Z

Day

(Seigneur de la Connaissance Silence Stratégique soit Allah)

DÉCOMPRESSER

Il est nécessaire de PRENDRE un moment pour respirer dans des environnements où le stress et la frustration sont la norme. Prenez une seconde, voire une milliseconde pour dissiper le brouillard proverbial, c'est un bon moyen de commencer à mettre les choses dans la bonne perspective et de ne pas vous laisser enliser par le stress d'antan.

Trop de "bombes à retardement" à proximité sont bien au-delà d'une recette pour un désastre.
C'est un danger imminent... Attention !!

Le guide du peuple pour un esprit paisible de A à Z

Uh

(Seigneur de la Connaissance Silence Stratégique soit Allah)

ENCOURAGER

Parfois, vous aurez besoin de pousser le Soi à en faire plus. Vous pouvez même faire quelque chose de totalement différent. Soyez celui qui intensifie et pousse les autres vers un mode de vie plus positif et productif.

La lutte pour libérer l'esprit est intense et aussi difficile que tout ce dans quoi on peut s'engager, sinon plus. Vous devez vous pousser car cela a été dit et cela reste vrai à ce jour.

"Vous pouvez être votre seul meilleur ami ou votre pire ennemi."

Le guide du peuple pour un esprit paisible de A à Z

Eff

(Seigneur de la Connaissance Silence Stratégique soit Allah)

SE CONCENTRER

La capacité de se verrouiller sur une tâche ou un objectif particulier. Mettre de côté les choses jugées sans importance pour celles qui sont en phase avec ce qu'il faut faire à un moment donné ou au jour le jour, surtout quand il n'y a pas de délai. Parfois, avoir apparemment "tout le temps du monde" peut conduire à un tas de projets à moitié commencés qui n'ont jamais vraiment retenu toute votre attention et qui sont ainsi tombés dans le tas de ferraille mentale.

Par exemple, si vous êtes incarcéré et que votre objectif est d'être libre, la bibliothèque de droit devrait figurer sur votre liste de contrôle des choses à faire, vous devriez probablement aussi avoir une copie de vos relevés de notes. Ne pas faire ce que tout le monde fait (cartes, télé, conversation frivole) peut être intimidant car à ce moment-là, vous allez à contre-courant et cela demande du courage.

Le guide du peuple pour un esprit paisible de A à Z

Jay

(Seigneur de la Connaissance Silence Stratégique soit Allah)

RECONNAISSANCE

Être reconnaissant pour les choses que l'on a et les choses qui sont fournies. Dans un tel endroit où il peut être difficile de trouver la bonne perspective lors de l'analyse de sa situation. Sachez que même les pires jours à l'intérieur, il y a généralement trois repas proposés (quelle que soit la qualité). Être reconnaissant est moins difficile quand tout est considéré. Si vous avez quelqu'un à appeler ou si quelqu'un vous envoie de l'argent, du courrier ou des photos. Ensuite, comptez-vous comme quelqu'un qui est extrêmement chanceux. Faites savoir aux personnes qui donnent de leur temps, de leur énergie et d'autres ressources que vous êtes reconnaissant pour ce qu'elles font.

Se nourrir, se vêtir et se loger n'est pas un geste anodin. Moins vous avez de soucis à vous faire, plus vous pouvez consacrer votre énergie à améliorer votre situation.

Heureux les reconnaissants car leur verre reste à moitié plein.

Le guide du peuple pour un esprit paisible de A à Z

Ash

(Seigneur de la Connaissance Silence Stratégique soit Allah)

HUMILITÉ

Être humble volontairement. Ayez suffisamment confiance en vous pour savoir qu'il n'y a aucune faiblesse à se soucier des autres. Soyez quelqu'un qui repousse la mentalité carcérale qui suggère que la gentillesse équivaut à la faiblesse. Soyez assez fort pour reconnaître l'humanité des autres et n'ayez pas peur d'être victimisé pour cela. Ayez confiance qu'être une personne vraiment bonne sera beaucoup plus bénéfique à long terme que d'être une personne qui profite des autres.

L'état d'humilité peut être une stratégie offensive, une stratégie qui suscite une interaction positive avec la plupart des gens et fait réfléchir les personnes négatives à deux fois avant d'apporter la négativité à votre façon.

Le guide du peuple pour un esprit paisible de A à Z

Ee

(Seigneur de la Connaissance Silence Stratégique soit Allah)

INTROSPECTION

Cela peut être décrit comme l'examen direct du Soi. Réfléchir à la vie dans son ensemble et identifier les domaines dans lesquels des changements peuvent être apportés à l'avenir, ce qui contribuera à créer un résultat plus bénéfique dans les efforts futurs.

Examen avec l'intention d'affronter et de vaincre les peurs, de remettre en question et de détruire les idées fausses et d'annuler les effets de la mauvaise éducation.

La clé est de reconnaître les erreurs, et pas seulement la volonté de changer, mais de faire le travail.

Vous ne pouvez pas trouver ce que vous ne voulez pas voir.

Le guide du peuple pour un esprit paisible de A à Z

Jee

(Seigneur de la Connaissance Silence Stratégique soit Allah)

PÉRIPLE

La prise de conscience que nous sommes tous en voyage individuellement et dans son ensemble. La question est : où vas-tu ? C'est une reconnaissance que si vous êtes un homme libre ou une femme libre dans le monde entier, enfermé dans une véritable prison, ou même souffrant d'une condition qui rend vos extrémités inutiles.

(Google™ le nom, Stephen Hawking). Si vous êtes vivant, le voyage de la vie est un fait. Tout cela est traité par l'esprit. Pour embrasser cela, vous devez vous efforcer de diriger votre cours de manière réfléchie. La vie vaut beaucoup plus la peine. Surtout pour ceux qui semblent avoir besoin d'une motivation pour vivre, ou un manque d'entraînement pour pousser leur propre véhicule (corps) à travers ce parcours du combattant appelé la vie. Un voyage qui n'offre aucun dépassement. C'est enregistré dans le "Livre de la Vie."

Le guide du peuple pour un esprit paisible de A à Z

Kar

(Seigneur de la Connaissance Silence Stratégique soit Allah)

GARDER

Quel que soit le moment où vous décidez d'embrasser ce voyage, le moment viendra où vous devrez choisir les choses que vous garderez.

Des choses comme être respectueux, respectable, ponctuel, honnête, fiable et motivé. Ce sont principalement les aspects positifs de vous qui doivent être conservés, les aspects négatifs trouveront des moyens de s'infiltrer, mais ils peuvent être traités au fur et à mesure qu'ils apparaissent. Vous devez garder la partie de votre garde élevée qui dissuade les pensées, les paroles et les actions destructrices. Le but est d'être un meilleur Vous.

Alors gardez les yeux sur le prix !!

Le guide du peuple pour un esprit paisible de A à Z

Ell

(Seigneur de la Connaissance Silence Stratégique soit Allah)

LAISSER

De plus, dans la reconnaissance/préparation de ce voyage, il y aura très certainement des choses que vous devrez LAISSEZ derrière et bien d'autres que vous jugerez bon de LAISSER en cours de route. Parfois, le défi consiste à laisser derrière vous des personnes, des lieux et des choses qui ont une grande valeur sentimentale dans votre vie, mais qui sont en même temps préjudiciables. C'est un choc pour le système dans la mesure où certaines de ces choses ont été classées comme ce qui fait de vous qui vous êtes, comment les gens vous identifient.

Parfois, les gens qui vous aiment tel que vous êtes veulent que vous restiez tel que vous êtes même lorsque vous faites part de votre mécontentement. Ce sont peut-être les personnes les plus dangereuses de votre vie. Il faut les quitter, quitte à ne plus leur demander conseil. Ce que vous lâchez vous permettra de faire de la place pour ce que vous gagnerez et vous rappellera pourquoi le changement était nécessaire.

Le guide du peuple pour un esprit paisible de A à Z

Em

(Seigneur de la Connaissance Silence Stratégique soit Allah)

MÉDIAT

Pour amener une situation potentiellement volatile à une conclusion plus raisonnable. Il y aura des moments où vous devrez intervenir avec respect pour aider quelqu'un d'autre à éviter un désastre. Il a été dit que « quand vous vous voyez, les autres ne vous voient pas plus clairement ».

Pendant que vous êtes sur la voie de l'amélioration de vous-même/de la réalisation de vous-même, vous devrez utiliser votre meilleur jugement pour filtrer les pensées improductives afin d'éviter les paroles et les actions destructrices qui provoquent une grande partie des troubles dans nos vies. Au fur et à mesure que ces outils commenceront à fonctionner dans votre vie, la vue et le son de vous en train de vivre votre meilleure vie serviront d'exemple pour les autres ou même de sonnette d'alarme pour certains qui n'étaient peut-être même pas conscients de leur propre spirale descendante.

La médiation peut se faire efficacement de manière directe ou indirecte. Dans certains cas, cela peut prendre un peu plus de courage que vous n'en avez l'habitude, mais creusez profondément et faites confiance aux leçons que vous avez apprises.

Le guide du peuple pour un esprit paisible de A à Z

En

(Seigneur de la Connaissance Silence Stratégique soit Allah)

NAVIGUER

Cela signifie que vous devez vous affirmer, il ne peut y avoir de dérive, d'errance sans but sans direction ou destination prévue. Cela demande du calcul, de la stratégie, de la discipline et sans aucun doute une compréhension de la zone/environnement dans lequel vous vous trouvez à un moment donné. Analysez l'atmosphère et "vérifiez la température" avec l'intention de voir le danger potentiel avant qu'il ne se produise. Si vous effectuez une recherche similaire à une prévision météorologique, vous apprendrez que les gens font face à des courants différents à mesure qu'ils se matérialisent sous la forme d'attitudes différentes qui conduisent à des actions d'un degré similaire. Vous devez faire attention aux détails.

Afin de tracer votre parcours, il sera nécessaire d'abord d'établir où exactement vous en êtes. C'est un processus étape par étape, et vous ne pouvez pas sauter d'étapes car chaque point que vous atteignez a une importance qui lui est propre et l'attention appropriée doit être accordée, ou vous pouvez vous retrouver bloqué sur une "île déserte" et le pouvez' t comprendre comment vous vous êtes retrouvé là-bas ou ce qui n'allait pas avec vos coordonnées.

Le guide du peuple pour un esprit paisible de A à Z

Oh

(Seigneur de la Connaissance Silence Stratégique soit Allah)

OBLIGER

Se tenir responsable/responsable d'un (des) effort(s) particulier(s) et le mener à terme. Beaucoup d'entre nous n'accomplissent pas ce qu'ils pourraient en partie parce que nous ne nous engageons pas dans l'accomplissement et n'y mettons donc pas l'énergie nécessaire.

S'obliger est un moyen de garder les pieds sur le feu et de fermer l'idée d'une trappe d'évacuation comme outil pour reculer lorsque les choses se corsent. Notre chemin juste pour entrer dans ce monde est une lutte, alors reconnaissez ce qui vient après comme une continuation et sachez que vous êtes né avec la capacité de percer et d'arriver "où" vous vous efforcez d'être.

Le guide du peuple pour un esprit paisible de A à Z

Pay

(Seigneur de la Connaissance Silence Stratégique soit Allah)

PERSISTER

Continuer de façon déterminée malgré les nombreux obstacles qui peuvent survenir. Avoir la présence d'esprit et la volonté de cœur de se relever quand on est renversé et quand on va fort n'est pas assez bon, on va encore plus fort.

Ne cédez pas à une façon de penser pessimiste si ce que vous faites est la mauvaise chose. Arrêtez-vous et préparez-vous à faire autre chose, mais faites quelque chose de différent. Trop de gens sont restés coincés dans la phase de préparation et ont utilisé cela comme excuse pour ne rien faire. Mais attendez une minute... Pas vous !
Faites des mouvements !

Le guide du peuple pour un esprit paisible de A à Z

Koo

(Seigneur de la Connaissance Silence Stratégique soit Allah)

QUESTION

Pour savoir qui, quoi, quand, où, pourquoi et comment. Quand je dis tout remettre en question, c'est du point de vue de ne pas accepter les choses pour argent comptant. Interrogez-vous et interrogez les autres. Cela ne veut pas dire être impoli ou négatif et dans certains cas, la question peut même ne pas avoir besoin d'être verbalisée. Responsabilisez-vous, les questions non posées laissent des réponses inconnues.
Pensez-y.
Chaque grande découverte, invention, révolution, jusqu'à la solution quotidienne la plus simple, a été déclenchée par une question quelconque. Non seulement demandez en désaccord, demandez à interpeller une personne qui détient une position avec laquelle vous êtes d'accord, cela a tendance à conduire à un débat intéressant, surtout lorsqu'elle ne sait pas que vous êtes d'accord. Une fois que cela est connu à votre sujet, beaucoup vous éviteront en grande partie pour cacher leurs propres insécurités, mais certains vous chercheront et ceux qui recherchent un dialogue constructif devraient être engagés spécifiquement à cette fin.
L'acier aiguise l'acier !

Le guide du peuple pour un esprit paisible de A à Z

Air

(Seigneur de la Connaissance Silence Stratégique soit Allah)

DU REPOS

Probablement la nécessité de la vie la plus sous-estimée. Donner au corps/esprit le temps de se ressourcer. Alors que nous sommes pressés d'accomplir les objectifs mineurs et majeurs que nous nous sommes fixés dans la vie, plus nous nous immergeons dans le travail, moins nous nous permettons de repos. Non seulement c'est stupide, mais c'est très dangereux et se terminera très probablement par un accident, au propre comme au figuré. Alors, échangez : « Je dormirai quand je serai mort » contre « Prends soin de ton corps et il prendra soin de toi ».

L'importance du repos ne peut être ignorée

Le guide du peuple pour un esprit paisible de A à Z

Ess

(Seigneur de la Connaissance Silence Stratégique soit Allah)

ASPIRER

Dans mes calculs, S'efforcer comprend plusieurs niveaux d'effort au-delà du simple « essayer » de faire quelque chose. La route pour exploiter correctement l'énergie des degrés susmentionnés, il faut aller de l'avant avec l'intention de vivre pleinement sa vie.

Des obstacles sont à prévoir, donc aller de l'avant, même s'il vous sera utile de comprendre que chaque obstacle perçu à votre progression n'a pas besoin d'être attaqué de front.

Certaines circonstances nécessiteront que vous fassiez le tour, au-dessus ou même au-dessous et c'est juste pour illustrer que dans la vie, nous connaîtrons un éventail de situations complexes que ce soit directement ou indirectement et pourtant les solutions peuvent être aussi simples que de décider d'éteindre la télévision et prendre un livre.

Les forts survivent, mais les sages l'emportent

Le guide du peuple pour un esprit paisible de A à Z

Tay

(Seigneur de la Connaissance Silence Stratégique soit Allah)

ENSEIGNER

Une fois que vous vivez et apprenez et que vous avez eu le temps de monter et de descendre une fois ou deux à ce moment-là, partager les bijoux qui vous ont permis de traverser les moments difficiles est un cours digne de donner. Vous ne savez jamais qui peut bénéficier de votre douleur, mais soyez assuré que vos luttes ont une valeur, une valeur qui est parfois d'autant plus importante pour les gens parce qu'en fin de compte, vous avez pu surmonter une telle difficulté.

Vous apprenez à « Payer au suivant ». Tout comme quelqu'un a peut-être pris le temps de vous offrir des conseils, à vous que vous avez probablement ignoré la première fois, c'est maintenant à votre tour. Soyez fier d'être prêt à enseigner. Qualifiez-vous en vous mettant au travail et en décidant de faire les bonnes choses pour les bonnes raisons. Nous vivons dans un lieu et une époque où les moments propices à l'apprentissage abondent, la salle de classe existe partout où vous décidez d'enseigner. En partageant ce que vous savez, il y a un aspect intégré de la thérapie pour vous-même, vous permettant de grandir encore plus et de trouver de meilleures façons de partager les perles de sagesse que vous avez ramassées au cours de votre voyage.

Vivez et apprenez et vous apprendrez peut-être à vivre !

Le guide du peuple pour un esprit paisible de A à Z

Oo

(Seigneur de la Connaissance Silence Stratégique soit Allah)

RARE

Ce qui est rare, un événement difficilement définissable qui peut inciter à réfléchir exactement à ce qui s'est passé. Soyez le seul à penser quelque chose de différent, faites un choix plus intelligent. Soyez inhabituel dans le sens où chacun de vos mouvements n'est pas le résultat d'une « pensée de groupe », vous vous séparerez et vous vous démarquerez comme celui qui n'est pas un lemming qui se laisse entraîner du haut d'une falaise.

Ne soyez pas choqué lorsque votre cercle d'"amis" se réduit, vous améliorez en fait vos chances de vivre votre meilleure vie. Ceux qui restent sont généralement ceux qui ont votre intérêt à cœur.

D'un autre côté, ils peuvent voir que vous êtes sur la bonne voie pour quelque chose de grand et que vous voulez vous accompagner. Ce n'est pas nécessairement une mauvaise chose si tout le monde s'efforce de réussir avec une motivation positive. C'est le genre d'équipe de soutien dont nous avons besoin. La compagnie que vous gardez est de la plus haute importance.
Choisis sagement!

Le guide du peuple pour un esprit paisible de A à Z

Vay

(Seigneur de la Connaissance Silence Stratégique soit Allah)

VISION

Quand je pense à la vision, je pense au recul, à la perspicacité et à la prévoyance. C'est un regard plus profond pour voir au-delà de ce qui est physiquement présent devant votre visage, en prenant ce qui était et ce qui est et en jetant les bases de ce qui va suivre.

La question est : que veux-tu ? Alors, pourquoi le veux-tu ? Se dire la vérité doit faire partie de l'équation. A quoi ressemble le succès selon vous ?

Votre vision en dit long sur qui vous êtes, ne pas avoir de vision, manquer de vision (au sens mental) c'est être dépourvu de vie, c'est-à-dire si vous pensez à la vie comme une série de moments liés entre eux dans l'éternité. Si non et votre devise est de vivre dans l'instant, quel moment ? Ce moment? Ce moment? Ou est-ce tout un instant dans l'infini ?

Vous pouvez faire n'importe quoi ou ce qui semble n'être rien du tout, mais en réalité, nous faisons toujours quelque chose. Que vois-tu?

Le guide du peuple pour un esprit paisible de A à Z

Dooblevay

(Seigneur de la Connaissance Silence Stratégique soit Allah)

VOLONTÉ

Wpourquoi j'aime la vie ?
Chaque jour où je me réveille, j'ai l'opportunité d'être un meilleur être humain que je ne l'étais la veille. Par pure force de volonté, nous faisons bouger les choses tout le temps, contre toute attente. Alors qu'il y a du travail à faire, parfois c'est difficile et d'autres fois nous ne voulons tout simplement pas le faire, alors nous tergiversons. Arrêter de perdre du temps! Faire le travail!

J'aime la vie parce que je suis ici (pas en prison) présent, capable d'avoir un impact positif dans la vie des personnes que je rencontre quotidiennement. Nous ne pouvons pas défaire les choses négatives qui ont été, mais au moment où nous acceptons le fait que chaque être vivant a de la valeur et doit être traité avec respect, c'est à ce moment-là que vous entrez dans le domaine de l'honneur et à partir de là, votre bien les œuvres commenceront à parler avant même que vous ne soyez capable d'ouvrir la bouche pour dire un mot.

Vous devez cependant être prêt à vous mettre au travail.

Le guide du peuple pour un esprit paisible de A à Z

Icks

(Seigneur de la Connaissance Silence Stratégique soit Allah)

X

C'est généralement le symbole utilisé pour indiquer qu'une erreur a été commise, pas toujours cependant, le X a également marqué l'endroit où un trésor serait enterré, mais ce n'est pas ça. Le X a été utilisé de bien d'autres façons. C'est la beauté et l'exemple de tout ce travail qui vous appartient totalement. Une fois que vous avez décidé bien sûr. Ensuite, il y a une attente, comme il devrait y en avoir, car prendre le contrôle de votre vie et la diriger sur une voie positive soulèvera des sourcils, surtout si vous étiez une personne méprisable au départ. Ce n'est pas un guide pour échapper à votre passé, c'est impossible, c'est un moyen d'aborder et d'embrasser le passé, le présent et l'avenir avec une nouvelle vision de la vie et de ce qui est possible.

Pas d'excuses !!!

Le guide du peuple pour un esprit paisible de A à Z

Eegrek

(Seigneur de la Connaissance Silence Stratégique soit Allah)

TU

C'est-à-dire que vous nous devez. Réfléchissez à cette pensée pendant un moment, rendez-la personnelle à vous-même, car c'est vous qui les devez. Ceux qui ont souffert parce que Tu n'étais plus là, et dans certains cas ceux qui ont souffert (directement ou indirectement) parce que Tu es venu.

Réalisez que vous êtes quelqu'un de spécial (défauts et tout), mais il est essentiel que vous sachiez et compreniez qu'il en va de même pour tous les autres hommes, femmes et enfants. Vous êtes la clé de toute l'équation. Comment? Parce que vous êtes celui qui a des choix difficiles et des choix moins difficiles à faire.

Soit Votre curiosité, soit Votre insatisfaction nous a permis de relier nos pensées. Eye VOUS encourage à prendre ce que vous pouvez utiliser et à commencer à être le meilleur que VOUS puissiez être.

Cette fois, VOUS pouvez choquer le monde dans le bon sens.

Le guide du peuple pour un esprit paisible de A à Z

Zed

(Seigneur de la Connaissance Silence Stratégique soit Allah)

ZÉNITH

Le point culminant, le sommet, le sommet de tout cela. Être au-dessus de ces choses qui vous retenaient autrefois ou vous retenaient au point où vous aviez l'impression de vous noyer sans une goutte d'eau en vue.

J'assimile le Zénith à l'Amour, la Paix et le Bonheur, une poursuite honorable s'il en est. Ces bijoux sont atteints de l'intérieur et exprimés de l'intérieur vers l'extérieur. Ils ne sont pas nécessairement rattachés à un emplacement physique. Cependant, il ne fait aucun doute que vous le saurez quand vous y serez.
Encore une fois, votre succès dépend de vous !

Paix!

Donté Jones
(Seigneur de la Connaissance Silence Stratégique soit Allah)

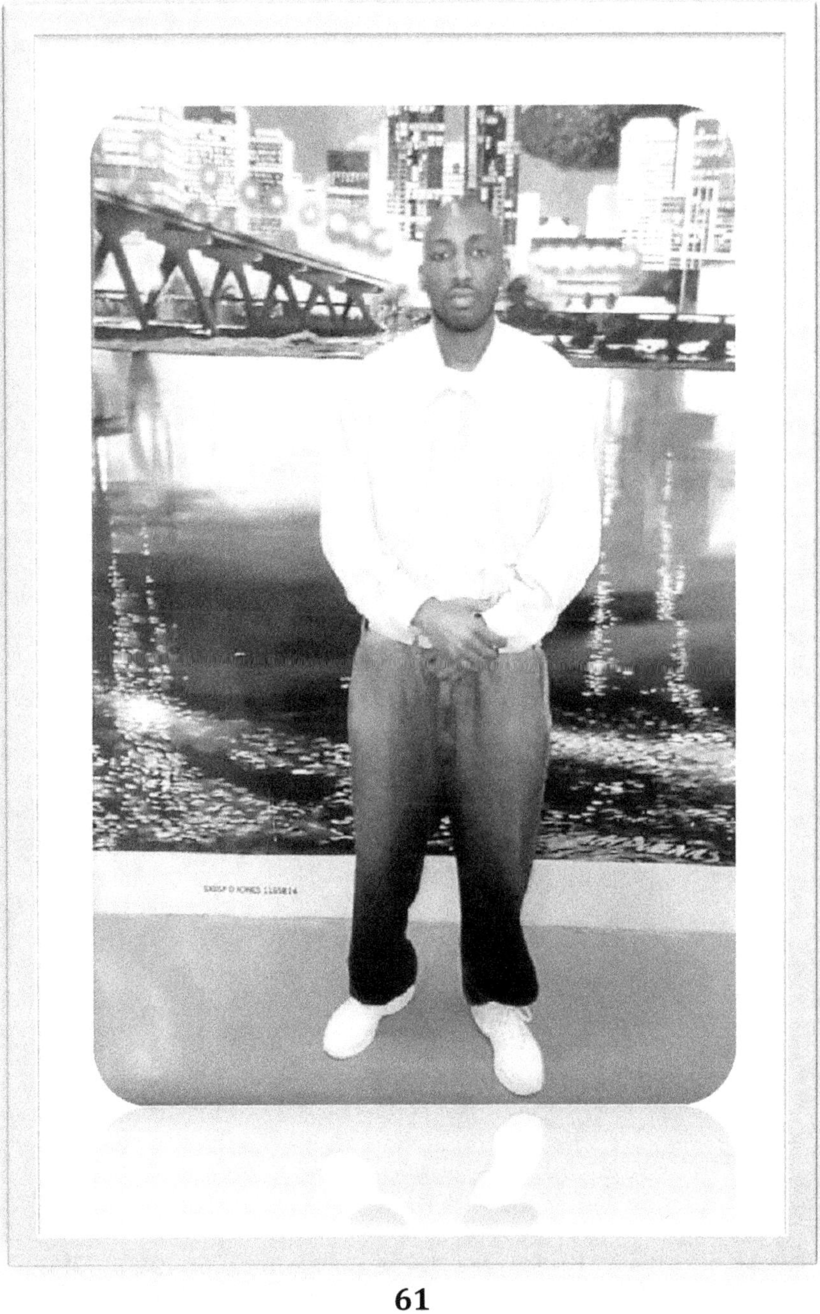

www.ingramcontent.com/pod-product-compliance
Lightning Source LLC
LaVergne TN
LVHW021624080426
835510LV00019B/2756